Christa Rolf

Genähte Köstlichkeiten

Kuchen, Törtchen und Pralinen aus Stoff

OZ creativ

Liebe Leserin, lieber Leser!

Pralinen sind Streicheleinheiten für die Seele. Sie streicheln die eigene Seele, aber auch die der Anderen. Besonders dann, wenn es uns nicht gut geht, greifen wir schnell zu den süßen Tröstern. Sind wir in geselliger Runde zusammen, mit Freunden oder der Familie, gehören Kuchen und süße Naschereien einfach dazu. Bei all diesen Anlässen sind immer Emotionen im Spiel, mal freudige, mal traurige, aber immer sind es Momente, die uns berühren.

Vor diesem Hintergrund sind die Modelle in diesem Buch entstanden. Aus Stoff, Filz und verschiedenen Dekorationen mit viel Liebe kreiert, schaffen sie Momente des kleinen Glücks und verfügen garantiert über eine lange Haltbarkeit.

Erinnerungen an Kindertage werden wach. Für den Kaufmannsladen eignen sich bunte Lollis, hübsch verpackte Pralinen, verschiedene Bonbons in einem Glas angerichtet oder kleine, nett arrangierte Donuts.

Zaubern Sie ein Lächeln auf die Gesichter der Beschenkten mit kleinen Törtchen aus Filz, Muffins aus Stoff und Tortenstücken als Dosen, in denen kleine Schätze ihren Platz finden.

Alle Anleitungen dazu finden Sie auf den folgenden Seiten. Die Vorlagen zu den einzelnen Modellen gibt es im hinteren Buchteil, dazu einen ausführlichen Werkteil mit Informationen über Material und Nähtechniken. Eine Pinnwand liefert passende Rezepte, um ein paar der Leckereien gleich nachzubacken.

Schokolade macht glücklich – Nähen auch!

Ihre

Christa Rolf

Inhalt

Zum Anbeißen
Muffins 6

Samtweiche Leckerbissen
Toffees 8

Genuss ohne Reue
Tortenstück 10

Verführerische Auslese
Runde Pralinen 12

Für Romantiker
Törtchen mit Rose 14

Schneeweiß und Rosarot
Sahneschnitten 16

Schwere Früchtchen
Riesen-Erdbeere 18

Herzlichen Glückwunsch
Geburtstagtörtchen 20

Zur Kaffeestunde
Möhrentorte 22

Augenschmaus
Trüffel 24

Der Frühling kommt!
Frühlingstorte 26

Ganz schön überzogen
Donuts 28

Appetitliche Vielfalt
Eckige Pralinen 30

Ein Traum wird wahr!
Hochzeitstorte 32

Von Herzen
Herzkekse 34

Lollipop-Parade
Lollis 36

Klein, aber fein
Petits Fours 38

Fruchtig dosiert
Erdbeertörtchen 40

Französisches Frühstück
Croissant 42

Zuckerfreie Köstlichkeiten
Bonbons 44

Süße Kringel
Mini-Donuts 46

Zum Valentinstag
Herztörtchen 48

Rezepte 50
Material und Werkzeug 52
Grundbegriffe des Nähens 54
Grundtechniken des Nähens 55
Vorlagen 57
Impressum 62

Schwierigkeitsstufen
★ = einfach
★★ = mittel
★★★ = etwas aufwändiger

Zum Anbeißen

Englische Auswanderer brachten den Muffin im 19. Jahrhundert in die USA. Dort entwickelte sich aus dem einfachen Rührteig ein beliebtes Gebäck mit unzähligen Varianten in der typischen Form.

MUFFINS

Größe
Ø 4,5 cm, ca. 5 cm hoch

Vorlage
Nr. 1 auf Seite 57

Schwierigkeitsgrad
★★

ZUTATEN

- 15 cm Stoff in Rosa gemustert
- 15 cm Stoff in Braun
- 30 cm Zackenlitze in Rosa oder Weiß
- 30 cm Spitze in Weiß
- Pompons in Rosa oder Weiß
- Satinröschen
- synthetische Füllwatte
- Textilkleber
- Fotokartonrest

ZUBEREITUNG

Für das Oberteil einen Kreis mit 10 cm Durchmesser auf Papier zeichnen und ausschneiden oder die Vorlage Nr. 4 für den großen Sahnetuff von den Sahneschnittchen (Seite 58) verwenden. Durch Falten den Kreis in acht gleichmäßige Segmente unterteilen und diese auf dem äußeren Rand markieren.
Den Kreis zusammen mit den Markierungen auf die linke Seite des rosa Stoffes zeichnen und ringsum mit Nahtzugabe ausschneiden. Ringsherum einen Heftfaden mit kleinen Stichen einziehen und die Weite einkräuseln. Die Vorlage für das Unterteil auf den braunen Stoff zeichnen – dabei die Markierungen

ebenfalls übertragen –, ringsum mit Nahtzugabe ausschneiden und rechts auf rechts zum Ring zusammennähen.
Ober- und Unterteil entsprechend den Markierungen aufeinanderstecken und zusammennähen, dabei die eingekräuselte Weite gleichmäßig verteilen. An der unteren Kante die Nahtzugabe auf die linke Seite klappen und heften.
Für den Boden die Vorlage für den kleinen Kreis zweimal mit Nahtzugabe aus braunem Stoff zuschneiden. In einen der Kreise einen kleinen Einschnitt machen. Beide Kreise ringsherum zusammennähen. Die Nahtzugabe mehrfach bis kurz vor die Naht einschneiden und wenden. Aus Fotokarton einen Kreis in der gleichen Größe zuschneiden.
Den Muffin mit Füllwatte ausstopfen und zuerst den Karton und darüber den Boden so auflegen, dass die Wendeöffnung nach innen zeigt. Durch die Einlage aus Pappe bekommt der Muffin einen besseren Stand. Die Lagen ringsherum mit Stecknadeln fixieren und den Boden mit Matratzenstichen annähen. Nach Bedarf noch etwas Füllwatte einfüllen.
Spitze und Zackenlitze auf die Naht zwischen Oberteil und Unterteil kleben. Auf die Mitte einen Pompon oder ein Satinröschen kleben.

Samtweiche Leckerbissen

Ein Toffee ist ein Bonbon aus Karamell und Sahne. Beim Karamellisieren des Zuckers entsteht ein besonders intensiver Geschmack. Unsere exzellenten Toffees bestehen aus weichen Nickistoffen.

TOFFEES

Größe
kleines Toffee:
Ø ca. 3–4 cm,
ca. 2–2,5 cm hoch

großes Toffee:
Ø ca. 7 cm,
ca. 4 cm hoch

Schwierigkeitsgrad
★

ZUTATEN

- 25 cm Nickistoff in hellem Beige und verschiedenen Brauntönen
- Spitzen in Weiß, 2–4 cm breit
- Perlen in Creme und Braun, Ø 5–8 mm
- Sprühzeitkleber

ZUSCHNEIDEN

Für ein kleines Toffee
2-mal Nickistoff in verschiedenen Farben:
4 x 20 cm diagonal zum Fadenlauf
Für ein großes Toffee
2-mal Nickistoff in verschiedenen Farben:
7 x 40 cm diagonal zum Fadenlauf

ZUBEREITUNG

Für ein **kleines Toffee** die beiden zugeschnittenen Streifen in unterschiedlichen Farben mit der linken Seite nach oben auf eine Papierunterlage legen (siehe Abb. 1) und mit dem Sprühzeitkleber einsprühen. Dabei ggf. die Ecken des Nickistoffes mit Stecknadeln fixieren, damit sie sich nicht einrollen. Die Längskanten jeweils bis zur Mitte einschlagen (siehe Abb. 2). Wird kein Sprühzeitkleber verwendet, die eingeschlagenen Kanten mit Heftstichen fixieren. Am helleren Streifen die linke obere Ecke einklappen und den Streifen ein wenig einrollen. Am dunkleren Streifen ebenfalls die obere Ecke einklappen (siehe Abb. 3), den Streifen dazunehmen und um die eingerollte Mitte legen. Beide Streifen zusammen aufrollen. Je nach-

dem, wie fest die Streifen aufgerollt werden, entsteht eine dichte oder lockere Optik. Die etwas erhabene Mitte entsteht, wenn die Streifen nach außen hin ein wenig versetzt aufgerollt werden.

Am Ende den dunkleren Streifen so abschneiden, dass er ca. 2 cm länger ist als der hellere. Das überstehende Ende 1 cm nach innen klappen und mit Stecknadeln fixieren. Diese Kante festnähen und den Boden des Toffees ebenfalls mit einigen Stichen von Hand fixieren, sodass die Form erhalten bleibt.

Die Spitze um das Toffee legen und auf den benötigten Umfang mit 1 cm Nahtzugabe abschneiden. Die Enden der Spitze übereinanderlegen und festnähen. Bei einer breiteren Spitze die überstehende Kante unter das Toffee legen und auf der Unterseite festnähen. Eine Perle oben in die Mitte des Toffees nähen.

Für das Nadelkissen (**großes Toffee**) die beiden größeren Streifen wie oben beschrieben aufrollen und fixieren. Eine breite Spitze rundum aufnähen.

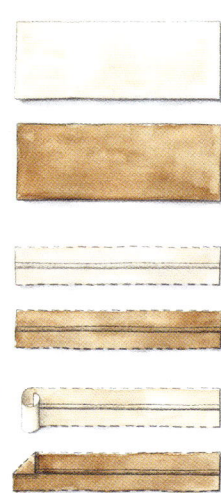

Genuss ohne Reue

Wer kennt nicht das Glücksgefühl beim Verzehr eines Stücks leckerer Sahnetorte. Dieses Tortenstück ist von außen appetitlich anzuschauen und von innen als Schachtel praktisch zu nutzen.

TORTENSTÜCK

Größe
ca. 14 cm lang, 8 cm breit

Vorlage
Nr. 2 auf Seite 57

Schwierigkeitsgrad
★★★

ZUTATEN

- 30 x 30 cm Stoff in Creme
- 30 x 30 cm Stoff für das Innenfutter, farblich passend
- 30 x 30 cm festes Schabrackenvlies zum Aufbügeln
- 30 x 30 cm Haftvlies zum Aufbügeln
- Maschinenstickgarn aus Baumwolle
- 50 cm Zackenlitze in Blau
- 50 cm Satinband in Dunkelbraun, 6 mm breit
- 50 cm Satinband in Mittelbraun, 1 cm breit
- runde Perlen und Stiftperlen, je 8 Stück in Blau
- 3 Pailletten in Blau
- 4 Spitzenblüten
- Filzrest in Braun
- Klebstoff

ZUSCHNEIDEN

Verstärkter Stoff in Creme:
1-mal 6 x 8 cm
2-mal 6 x 15 cm
(Unterteil/Schachtelrand)
1-mal 1,5 x 9 cm
2-mal 1,5 x 16 cm
(Oberteil/Deckelrand)
Das Zuschneiden erfolgt erst, wenn der Stoff mit Schabracken- und Haftvlies verstärkt ist.

ZUBEREITUNG

Den Stoff für das Innenfutter auf die bügelbeschichtete Seite des Schabrackenvlieses aufbügeln. Das Haftvlies auf die unbeschichtete Seite bügeln, das Trägerpapier abziehen und den Stoff in Creme für die Außenseite aufbügeln. Die Teile für Schachtel- und Deckelrand (siehe Zuschneiden) sowie die Vorlagen für die beiden Dreiecke (Ober- und Unterseite) mit einem sehr feinen Bleistift auf das Innenfutter übertragen und ausschneiden.

Alle Teile einzeln ringsum mit dichtem Zickzackstich mit 3 mm Stichbreite versäubern. Den Stoff so führen, dass die Nadel rechts neben dem Stoff und links auf dem Stoff einsticht. Für den Deckel zuerst den kurzen Streifen mit kleinen Stichen von Hand an die kurze Kante des Dreiecks nähen, dann die langen Streifen an die langen Kanten. Die beiden Seitennähte zusammennähen, dabei die Seitennaht in der Spitze vorerst geöffnet lassen.

Die Schachtel ebenso zusammennähen. Die beiden Satinbänder um die Schachtel kleben. An der Spitze jeweils Anfang und Ende des Bandes ins Innere der Schachtel umlegen und mit Klebstoff fixieren. Erst jetzt die Seitennaht an der Spitze schließen.

An der unteren Kante des Deckels die Zackenlitze aufkleben, Anfang und Ende nach innen umlegen und die Seitennaht in der Spitze schließen.

Auf die äußere Kante des Deckels Perlen nähen. Pailletten auf die Spitzenmotive nähen und aufkleben. Ein kleines Dreieck aus Filz schneiden und darauf Stiftperlen als Streusel aufnähen, den Filz auf den Deckel kleben.

Verführerische Auslese

Klein, fein und süß und ein Hochgenuss der ganz besonderen Art. Was eignet sich besser dazu, nicht nur den Gaumen, sondern auch das Auge zu verführen als diese kleinen süßen Leckerbissen.

RUNDE PRALINEN

Größe
Ø ca. 4 cm, ca. 4 cm hoch

Vorlage
Nr. 3 auf Seite 58

Schwierigkeitsgrad
★★

ZUTATEN

- verschiedene Stoffreste, z. B. Nickistoff oder weicher Samt
- Baumwollstoffreste, farblich passend
- synthetische Füllwatte
- Stiftperlen, ca. 5–7 mm, kleine Satinröschen, Mini-Pompons o. Ä.
- Papierförmchen für Pralinen

ZUSCHNEIDEN

Für eine Praline
Nickistoff oder Samt:
4 x 12 cm (Randstreifen)
Die Nahtzugabe von 5 mm ist darin enthalten.
Baumwollstoff:
2-mal 5 x 5 cm (Boden)

Hinweis
Bei sehr elastischen Stoffen eventuell die Rückseite mit einer leichten Bügeleinlage (Vlieseline) verstärken.

ZUBEREITUNG

Für die Oberseite der Praline die Vorlage auf die linke Seite des entsprechenden Stoffes übertragen und ringsherum mit einer Nahtzugabe von 5 mm ausschneiden.
Den Randstreifen rechts auf rechts zum Ring zusammennähen. Oberseite und Randstreifen der Praline zusammennähen. Die offene Längskante des Randstreifens ca. 5 mm auf die linke Seite klappen und heften. Die Praline mit etwas Füllwatte ausstopfen.
Die Vorlage auf die Rückseite eines der beiden Stoffquadrate übertragen und innerhalb des Kreises einen kleinen Einschnitt anbringen. Beide Quadrate rechts auf rechts aufeinanderlegen und die beiden Stoffe entlang der Markierung zusammennähen. Da die Rundung recht klein ist, diese Naht am besten von Hand ausführen. Ringsherum den Stoff bis auf eine Nahtzugabe von 4–5 mm zurückschneiden. Die beiden Stoffe durch den Einschnitt wenden. Das Unterteil so auflegen, dass die Wendeöffnung nach innen zeigt und die Öffnung der Praline abgedeckt wird. Boden und Oberteil mit Matratzenstichen ringsherum aneinandernähen.
Perlen, Satinröschen oder Mini-Pompons nach Belieben von Hand aufnähen.

Für Romantiker

Unter diesen bezaubernden kleinen Törtchen verstecken sich einfache Spanschachteln. Mit Filz sind diese Dosen schnell bezogen und eignen sich als hübsche Verpackung für mancherlei Überraschung.

TÖRTCHEN MIT ROSE

Größe
Ø 9 cm

Schwierigkeitsgrad
★★

ZUTATEN (pro Dose)

- runde Spanschachtel, Ø 9 cm
- Filz in Rot und Natur
- Zackenlitze in Natur
- Pannesamt in Rot
- Wollstoff- oder Filzreste in Grün
- Klebstoff

ZUSCHNEIDEN

Filz in Rot:
5 x 30 cm (Dosenrand)
Filz in Natur:
2 x 30 cm (Deckelrand)
Pannesamt:
5 x 15 cm diagonal zum Fadenlauf
(Rosenblüte)
Wollstoff oder Filz in Grün:
1,5 x 7 cm (Rosenblätter)

ZUBEREITUNG

Die Spandose mit Filz beziehen, wie auf Seite 22 für die Möhrentorte beschrieben. Die Zackenlitze auf den Deckelrand kleben. Für die **Rose** ein Ende des Samtstreifens spitz zuschneiden (siehe Abb. 1). Diese Spitze nach innen klappen und den Streifen links auf links längs zur Hälfte legen. An der unteren Kante beide Lagen zusammen etwas abschrägen (siehe Abb. 2). Die offenen Kanten zusammen mit Zickzackstich versäubern (siehe Abb. 3).

An der schmalen Kante die obere Ecke einklappen und den Streifen ein wenig einrollen. Diese Rolle an der unteren Kante mit einigen Stichen von Hand fixieren. Den Streifen weiter einrollen, dabei an der Zickzackkante kleine Falten legen, um der Blüte Volumen zu geben. Jede Falte einzeln festnähen.
Die kleinen grünen Zuschnitte quer zur Hälfte legen und frei eine Blattform schneiden (siehe Abb. 4). Beide Blätter etwas versetzt zueinander unter die Rose nähen.
Die Rose auf die Dose kleben.

1

2

3

4

Schneeweiß und Rosarot

Cremige Erdbeer- oder Zitronensahne verspricht Gaumenfreuden pur. Zart schmilzt die Sahne und hinterlässt einen süßen wohligen Geschmack. Diese Schnittchen dagegen garantieren Genuss ohne Reue.

SAHNESCHNITTCHEN

Größe
6 x 8 cm, 4 cm hoch
(ohne Sahnetuff)

Vorlage
Nr. 4 auf Seite 58

Schwierigkeitsgrad
★

ZUTATEN

- Filz in Weiß, Rosa und Braun
- Baumwollstoffrest in Rot
- Klebstoff
- synthetische Füllwatte

ZUSCHNEIDEN

Filz in Weiß oder Rosa:
2-mal 6 x 8 cm (Ober- und Unterteil)
2-mal 6 x 4 cm (Seitenteile)
2-mal 8 x 4 cm (Seitenteile)
Filz in Braun:
1 x 30 cm (Randstreifen/Boden)

ZUBEREITUNG

Für den **Sahnetuff** die Vorlagen für die beiden Ringe auf den weißen Filz übertragen und ausschneiden. Beim größeren Ring entlang des inneren Ausschnitts mit großen Stichen (0,75–1 cm) einen Heftfaden einziehen. Den Faden fest anziehen, bis der Ausschnitt in der Mitte verschwunden ist. Den Faden vernähen. Den kleineren Ring ebenfalls einheften und mittig auf den größeren Kreis nähen. Für die **Kirsche** die Vorlage für den kleinen Ring auf die Rückseite des roten Stoffes übertragen, dabei nur die innere Linie verwenden, mit 5 mm Nahtzugabe ausschneiden. Den Stoffkreis entlang der Außenkante mit Vor-

stichen heften, dabei den Anfang mit einem Knoten und einem Rückstich sichern. Ist der Ausgangspunkt wieder erreicht, vorsichtig am Faden ziehen, sodass sich der Kreis etwas zusammenzieht (siehe Abbildung, Seite 24). Etwas Füllwatte in die Kirsche geben und den Faden noch etwas weiter anziehen. Den Faden vernähen und die Öffnung damit schließen. Die Kirsche auf dem Sahnetuff festnähen.

Für das **Sahneschnittchen** die vier Seitenteile mit Überwendlichstichen an das zugeschnittene Oberteil nähen (siehe Abbildung). Die Seitennähte schließen und den Sahnetuff auf der Oberseite festnähen. Das Schnittchen mit Füllwatte ausstopfen und das Unterteil annähen. Den Streifen aus braunem Filz ringsherum ankleben.

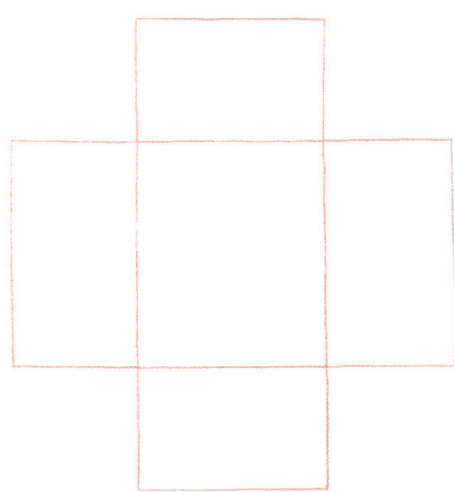

Schwere Früchtchen

Durch die Füllung aus Reis oder Granulat eignet sich diese große Erdbeere ideal als Buchstütze für das Küchenregal. Wird die Vorlage vergrößert, kann die Erdbeere auch als Türstopper dienen.

RIESEN-ERDBEERE

Größe
15 x 20 cm

Vorlage
Nr. 5 auf Seite 59

Schwierigkeitsgrad
★★

ZUTATEN

- 25 cm Stoff in Rot oder in Rot gemustert
- 10 cm Stoff in Grün gemustert
- 1 Knopf
- extra starkes Nähgarn
- synthetische Füllwatte
- Volumenvliesrest
- Reis oder Füllgranulat, 500 g

ZUBEREITUNG

Für die **Erdbeere** die Vorlage einmal auf die Rückseite des roten Stoffes übertragen, dabei auf den Stoffbruch achten, und ringsum mit einer Nahtzugabe von 0,75 cm ausschneiden. Die beiden Stofflagen entlang der geraden Kante und der Rundung für den Boden mit kleiner Stichlänge (2 mm) zusammennähen. In der Rundung die Nahtzugabe bis kurz vor die Naht mehrfach einschneiden. Die obere Kante der Erdbeere auf die linke Seite klappen und mit dem extra starken Garn einheften. Den Faden zu Anfang nicht vernähen, sondern etwas länger hängen lassen.

Reis oder Füllgranulat einfüllen und darauf Füllwatte geben. Beide Enden des Fadens anziehen und dadurch die obere Kante zusammenziehen. Die Enden des Fadens verknoten und beim Vernähen die restliche Öffnung zusammenziehen.

Die Vorlage für das **Blatt** auf die Rückseite des grünen Stoffes zeichnen, innerhalb der Markierung einen Einschnitt zum Wenden machen, ringsherum großzügig ausschneiden. Den zugeschnittenen Stoff mit einem weiteren Stück Stoff rechts auf rechts zusammenlegen und beides zusammen auf ein Stück Volumenvlies stecken. Alle Lagen entlang der Markierung zusammennähen. Das Volumenvlies bis kurz vor die Naht, den Stoff bis auf eine Nahtzugabe von 4–5 mm zurückschneiden. In den Spitzen die Nahtzugabe zurückschneiden und in den Innenecken bis kurz vor die Naht einschneiden. Das Blatt durch den Einschnitt wenden und die Wendeöffnung mit einigen Stichen von Hand schließen. Den Knopf auf das Blatt nähen, dabei in der Mitte das Blatt etwas zusammenziehen, sodass die äußeren Spitzen nach oben weisen.

Blatt und Knopf zusammen auf der Erdbeere festnähen.

Herzlichen Glückwunsch

Der Marienkäfer als Glücksbringer verspricht dem Beschenkten viel Glück für sein neues Lebensjahr. Wer mag da schon auf den kleinen Käfer verzichten – vor allem wenn er eine Schwarzwälder Kirschtorte im Miniformat krönt.

GEBURTSTAGSTÖRTCHEN

Größe
Ø ca. 9 cm

Schwierigkeitsgrad
★★

ZUTATEN

- 20 cm Satin in Weiß
- 40 cm Zackenlitze in Rot
- 40 cm Satinband in Braun
- 15 cm Spitze in Weiß
- Filzreste in Grün, Weiß und Gelb
- synthetische Füllwatte
- Streu-Marienkäfer (z. B. aus Holz)

ZUSCHNEIDEN

Für das Törtchen
Satin in Weiß:
6 x 33 cm (Randstreifen)
2-mal 8 x 14 cm (Boden)
Die Nahtzugabe von 0,75 cm ist darin enthalten.
Für die Kerze aus Filz
Filz in Weiß:
5 x 11 cm

ZUBEREITUNG

Für das **Törtchen** einen Kreis mit 10 cm Durchmesser auf Papier zeichnen und ausschneiden oder die Vorlage für den großen Sahnetuff auf S. 58 verwenden. Durch Falten den Kreis in acht gleich große Segmente unterteilen und diese auf dem äußeren Rand markieren.

Für die Oberseite die Vorlage und die Markierungen auf die linke Stoffseite des Satins übertragen und ringsherum mit einer Nahtzugabe von 0,75 cm ausschneiden. Die beiden Bodenteile längs aneinandernähen, dabei in der Mitte der Naht eine Wendeöffnung lassen. Den Kreis ebenfalls mit Markierungen aufzeichnen und mit Nahtzugabe ausschneiden. Den Randstreifen rechts auf rechts zum Ring zusammennähen und ebenfalls mit acht Markierungen in gleich großen Abständen versehen. Die Oberseite und den Randstreifen entsprechend den Markierungen aufeinanderstecken und zusammennähen. Das Unterteil an den Randstreifen nähen und wenden. Das Törtchen mit Füllwatte ausstopfen und die Wendeöffnung von Hand schließen. Die Zackenlitze und das Satinband rundum aufkleben. Für die **Kerze** den Filzzuschnitt rollen und das Ende mit Klebstoff fixieren. Aus gelbem Filz zwei kleine Flammen schneiden und oben an der Kerze festkleben. Aus grünem Filz einen kleinen Kreis schneiden und die Kerze darauf festnähen. Die weiße Spitze mit einem Faden zusammenraffen und um die Kerze legen. Die grüne Filzscheibe mit Kerze und die Marienkäfer auf das Törtchen kleben.

Zur Kaffeestunde

Wir servieren die klassische Möhrentorte mal ganz anders – von außen ähnlich, von innen eine Überraschung. Mit Möhren aus Stoff wird diese Torte bestimmt lange Freude bereiten.

MÖHRENTORTE

Größe
Ø 20 cm

Vorlage
Nr. 6 auf Seite 58

Schwierigkeitsgrad
★★

ZUTATEN

- runde Spanschachtel, Ø 20 cm
- 25 x 180 cm Textilfilz in Braun, 3 mm stark
- 70 cm Zackenlitze in Weiß und Orange
- Baumwollstoffrest in Orange
- Filzreste in Grün
- synthetische Füllwatte
- Klebstoff

ZUSCHNEIDEN

Filz in Braun:
3 x 70 cm (Deckelrand)
5 x 70 cm (Dosenrand)

ZUBEREITUNG

Deckel und Dose aufeinandersetzen. Den Rand der Dose unterhalb der Deckelkante mit Kleber einstreichen und den zugeschnittenen Filzstreifen so festkleben, dass die Kante des Filzes direkt an die Deckelkante stößt. Deckel abnehmen. Die kurzen Enden der Filzumrandung abschneiden, sodass die Kanten direkt nebeneinanderliegen. Den Streifen antrocknen lassen. An der unteren Kante so abschneiden, dass ca. 2 mm über die Kante hinausragen. Den Boden mit Kleber einstreichen, grob zugeschnittenen Filz auflegen und antrocknen lassen. Ringsherum mit etwa 2 mm

Überstand abschneiden. Die überstehenden Kanten aufeinanderlegen und mit Überwendlichstichen zusammennähen.

Den Deckel ebenso arbeiten. Den zugeschnittenen Filzstreifen rings um den Rand kleben, dabei am oberen Rand 2 mm über die Kante hinausragen lassen. Den Randstreifen bündig mit der unteren Deckelkante abschneiden. Auf den Deckel ein entsprechend großes Stück Filz kleben, Überstand abschneiden und Rand und Deckel mit kleinen Stichen zusammennähen. Die Zackenlitze in Orange auf den Rand der Dose, die Zackenlitze in Weiß auf den Rand des Deckels kleben.

Aus dem grünen Filzrest kleine Streifen für das Möhrengrün schneiden.

Für jede **Möhre** die Vorlage auf die Rückseite des orangefarbenen Stoffes übertragen und ringsherum mit Nahtzugabe ausschneiden. Den Stoff rechts auf rechts zur Hälfte zusammenlegen und entlang der geraden Kante bis auf die Wendeöffnung zusammennähen. Entlang der oberen Kante einen Heftfaden einziehen. Beim Anziehen des Fadens zieht sich der Stoff zusammen. Drei kleine Filzstreifen einlegen, die längeren Enden zeigen nach innen und den Faden fest anziehen. Den Faden vernähen und die Streifen dabei mit festnähen. Die Möhre wenden, mit Füllwatte ausstopfen und die Wendeöffnung von Hand schließen. Auf diese Weise sieben Möhren anfertigen und mit etwas Klebstoff gleichmäßig verteilt auf den Deckel der Dose kleben.

Augenschmaus

Die klassischen Trüffel werden auch heute noch hauptsächlich in Handarbeit hergestellt. Eine gehaltvolle Füllung aus Butter, Sahne und Aromen wird gekocht, nach dem Abkühlen in Form gerollt und in Kuvertüre getaucht.

TRÜFFEL

Größe
3 x 4 cm

Schwierigkeitsgrad
★★

ZUTATEN

- Nickistoff in Beige, Rosa und verschiedenen Brauntönen
- Baumwollstoffreste, farblich passend
- Rocailles und Stiftperlen
- synthetische Füllwatte

ZUSCHNEIDEN

Baumwollstoff:
2-mal 3 x 3 cm (Boden)

ZUBEREITUNG

Als Vorlage die kleine Kreisform vom Erdbeertörtchen (Nr. 10 auf Seite 61) auf die Rückseite des Nickistoffs übertragen und entlang der aufgezeichneten Kontur ausschneiden. Den Stoffkreis entlang der Außenkante mit Vorstichen heften, dabei den Anfang mit einem Knoten und einem Rückstich sichern. Ist der Ausgangspunkt wieder erreicht, vorsichtig am Faden ziehen, sodass sich der Kreis etwas zusammenzieht (siehe Abbildung).
Füllwatte in den Trüffel geben und den Faden noch etwas weiter anziehen. Den Faden vernähen und die Öffnung damit schließen.

Einen kleinen Kreis mit Hilfe eines 5-Cent-Stücks auf die Rückseite eines der beiden Stoffquadrate zeichnen und innerhalb des Kreises einen kleinen Einschnitt machen. Beide Quadrate rechts auf rechts aufeinanderlegen und die beiden Stoffe entlang der Markierung zusammennähen. Da die Rundung recht klein ist, erfolgt diese Naht am besten von Hand. Ringsherum den Stoff bis auf eine Nahtzugabe von 4–5 mm zurückschneiden. Die beiden Stoffe durch den Einschnitt wenden. Das Unterteil so auflegen, dass die Wendeöffnung nach innen zeigt und die Öffnung des Trüffels abgedeckt wird. Boden und Oberteil mit Matratzenstichen ringsherum aneinandernähen.
Die Perlen nach Belieben von Hand aufnähen.

Der Frühling kommt!

In dieser Jahreszeit erleben wir mit Freude ein Aufblühen der Natur. Grund genug, unsere Frühlingsgefühle in einer Torte mit zarten Streublümchen festzuhalten und als Dekoration für den Kaffeetisch zu nutzen.

FRÜHLINGSTORTE

Größe
ca. 15 x 15 cm, ca. 4 cm

Schwierigkeitsgrad
★★

ZUTATEN

- 25 cm Stoff in Hellgrün
- 75 cm Zackenlitze in Weiß
- Textilkleber
- synthetische Füllwatte
- Streublümchen

ZUBEREITUNG

Für das Oberteil der Torte eine Schnittvorlage nach der Schemazeichnung erstellen und auf die Rückseite des hellgrünen Stoffes übertragen, ringsherum mit Nahtzugabe ausschneiden. Die Seitennähte schließen. Die Nahtzugabe für die untere Kante auf die linke Stoffseite klappen und mit einigen Stichen von Hand heften.
Für den Boden ein Quadrat von 17 x 17 cm auf die Rückseite des Stoffes übertragen und mit Nahtzugabe ausschneiden. In die Mitte des Quadrats einen Einschnitt zum Wenden machen. Mit einem weiteren gleich großen Stück Stoff rechts auf rechts zusammenlegen und ringsum zusammennähen. Die Nahtzugabe in den Ecken zurückschneiden, wenden und bügeln.
Den Boden so auf das Oberteil legen, dass die Wendeöffnung nach innen zeigt. Die beiden Stoffteile ringsherum mit Stecknadeln fixieren und an drei Seiten mit Matratzenstichen zusammennähen. Anschließend mit Füllwatte ausstopfen und die vierte Naht schließen. Die Zackenlitze und die Streublümchen auf die Torte kleben.

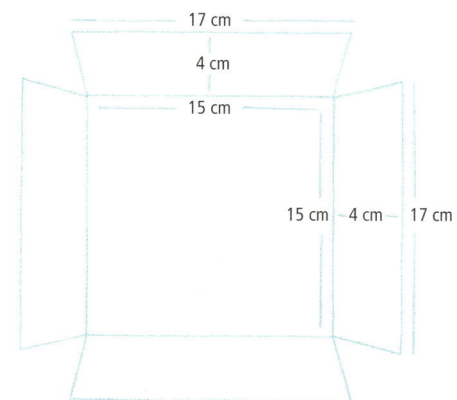

Ganz schön überzogen

Ein Donut ist eine Art Berliner mit Loch, der in der amerikanischen Kultur fest etabliert ist. Mit seinen unterschiedlichen Glasuren gibt es ihn in vielfältigen Ausführungen, sodass für jeden Tag ein anderer zur Auswahl steht.

DONUTS

Größe
Ø ca. 10 cm

Vorlage
Nr. 7 auf Seite 60

Schwierigkeitsgrad
★ ★

ZUTATEN (pro Donut)

- 20 x 30 cm Bastelfilz in Braun
- 20 x 15 cm Bastelfilz in Weiß, Rosa oder Dunkelbraun (für den Zuckerguss)
- synthetische Füllwatte
- Rocailles, transparent, in verschiedenen Farben
- Textilkleber

ZUBEREITUNG

Von den Vorlagen jeweils Schablonen aus Karton anfertigen. Die Donutform zweimal auf den braunen Filz übertragen und entlang des äußeren Kreises mit 5 mm Nahtzugabe ausschneiden. Die beiden Teile so aufeinanderlegen, dass die Seiten ohne aufgezeichnete Markierung aufeinanderliegen. Entlang dem inneren Kreis die beiden Filzlagen mit kleinen Stichen zusammennähen, entweder von Hand oder mit der Nähmaschine.

Den inneren Kreis ausschneiden, dabei eine Nahtzugabe von 5 mm berücksichtigen. An beiden Filzlagen entlang der äußeren Kante die Nahtzugabe umklappen und mit Heftstichen fixieren.
Die Filzlagen durch den Ausschnitt in der Mitte wenden, sodass die umgeklappten Nahtzugaben aufeinanderliegen. Beide Lagen etwa bis zur Hälfte des Umfangs mit Matratzenstichen zusammennähen. Diesen Bereich mit Füllwatte ausstopfen. Das nächste Viertel der Kreisform zusammennähen, wieder mit Füllwatte ausstopfen. Den restlichen äußeren Rand bis auf eine kleine Füllöffnung zusammennähen. Den Donut komplett ausstopfen und die Füllöffnung schließen.
Die Form für den Zuckerguss auf Filz in Weiß, Rosa oder Braun übertragen, ausschneiden und mit dem Textilkleber auf den Donut kleben. Dabei am äußeren Rand beginnen, am inneren Rand den Filz etwas dehnen. Einige Perlen als Zuckerstreusel aufnähen.

Appetitliche Vielfalt

Nicht nur rund, sondern auch eckig sind Pralinen immer eine Augenweide für den Genießer. Eine bunte Mischung aus verschiedenen Stoffen sorgt hier für die abwechslungsreiche Optik.

ECKIGE PRALINEN

Größe
ca. 3 x 3 x 3 cm

Schwierigkeitsgrad
★★

ZUTATEN

- verschiedene Stoffreste, z. B. Nickistoff, Baumwollstoff oder weicher Samt
- synthetische Füllwatte
- Stiftperlen und große Wachsperlen
- kleine Satinröschen
- Papierförmchen für Pralinen

ZUSCHNEIDEN

Für eine Praline
Nickistoff o. Ä.:
3 x 13 cm (Randstreifen)
Die Nahtzugabe von 5 mm ist darin enthalten.

ZUBEREITUNG

Auf dem Randstreifen insgesamt fünf Markierungen für Nahtzugabe und die Eckpunkte einzeichnen (siehe Abb. 1). Für die Ober- und Unterseite jeweils ein Quadrat von 3 x 3 cm auf die Rückseite des Stoffes zeichnen und ringsherum mit einer Nahtzugabe von 5 mm ausschneiden. Den Randstreifen entsprechend der Eckpunkte ringsherum an das Oberteil nähen. Dabei am ersten Markierungspunkt beginnen und den Markierungspunkt mit einer Ecke des Quadrates übereinanderlegen. Von dort aus 3 cm bis zum nächsten Eckpunkt, d. h. zur nächsten Markierung, nähen (siehe Abb. 2). Den Randstreifen um die Ecke

legen und die nächste Seite annähen. So weiternähen, bis der Randstreifen entlang der Oberseite angenäht ist (siehe Abb. 3). Die Seitennaht schließen und etwas Füllwatte einfüllen.

Das vorbereitete Quadrat für die Unterseite rechts auf rechts auf ein weiteres Stückchen Stoff legen und die beiden Stoffe entlang der Markierung zuammennähen. In eine der Stofflagen einen kleinen Einschnitt machen und die beiden Stoffe durch den Einschnitt wenden. Das Unterteil so auflegen, dass die Wendeöffnung nach innen zeigt. Boden und Randstreifen mit Matratzenstichen ringsum aneinandernähen.

Perlen oder Satinröschen nach Belieben von Hand aufnähen.

1

| 0,5 cm | 3 cm | 3 cm | 3 cm | 3 cm | 0,5 cm |

2

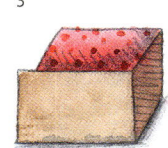

3

Ein Traum wird wahr!

Der Mann fürs Leben ist gefunden. Die Hochzeitsglocken läuten. Die Braut möchte am liebsten nicht nur das Brautkleid, sondern auch die Hochzeitstorte zur Erinnerung aufbewahren. Bei dieser ist es möglich.

HOCHZEITSTORTE

Größe
Ø 23 cm

Schwierigkeitsgrad
★★

ZUTATEN

- je 1 runde Spanschachtel von Ø 9, 16 und 23 cm
- 40 x 180 cm Textilfilz in Weiß, 3 mm stark
- 1,75 m Zackenlitze in Rosa
- Klebstoff
- 15 cm Pannesamt in Rosa
- Wollstoff- oder Filzreste in Grün

ZUSCHNEIDEN

Textilfilz in Weiß für die Dosen
kleine Dose:
2 x 30 cm (Deckelrand)
4 x 30 cm (Dosenrand)
mittlere Dose:
2 x 51 cm (Deckelrand)
5 x 51 cm (Dosenrand)
große Dose:
2 x 74 cm (Deckelrand)
8 x 74 cm (Dosenrand)
Für 16 Rosen
Pannesamt:
16-mal 5 x 15 cm diagonal
zum Fadenlauf (Rosenblüte)
Wollstoff oder Filz in Grün:
16-mal 5 x 7 cm (Rosenblätter)

ZUBEREITUNG

Für die **Torte** beziehen sich die Maße des Deckel- und Dosenrands auf den Durchmesser der Dosen von 9, 16 und 23 cm, die Streifenbreite auf die Höhe der Dose bzw. des Deckels. Bitte bei eigenen Modellen vor dem Zuschneiden überprüfen, ob diese Maße auch passen, denn je nach Hersteller können Spanschachteln einen unterschiedlich breiten Rand haben.
Die Spanschachteln mit Filz beziehen, wie auf Seite 22 für die Möhrentorte beschrieben. Die einzelnen Dosen entlang der Deckelkante mit Zackenlitze bekleben. Die drei Dosen aufeinanderstellen. So lässt sich jede Dose auch einzeln verwenden. Soll die Hochzeitstorte dauerhaft in dreistöckiger Form bleiben, die Dosen zusammenkleben.
Mit den Zuschnitten aus rosafarbenem Pannesamt und grünem Wollstoff oder Filz 16 **Rosen** herstellen, wie auf Seite 14 für das Törtchen mit Rose beschrieben.
Auf den unteren Rand neun Rosen und auf den mittleren gleichmäßig verteilt sechs Rosen kleben. Die letzte Rose oben auf die kleine Dose kleben.

Von Herzen

Wir verschenken unser Herz an einen Menschen, dem unsere Liebe und Zuneigung gehört. Diese Kekse in Herzform eignen sich als kleines Dankeschön und lassen sich auch als Kühlschrankmagnete verwenden.

HERZKEKSE

Größe
ca. 5,5 x 6,5 cm

Vorlage
Nr. 8 auf Seite 59

Schwierigkeitsgrad
★

ZUTATEN

- Baumwollstoff in Beige
- Filz in Rosa und Weiß
- festes Volumenvlies
- verschiedene Perlen, Knöpfe, Satinröschen
- Textilkleber
- evtl. kleine Magnete und Tüllreste

ZUSCHNEIDEN

Für einen Herzkeks
Baumwollstoff in Beige:
2-mal 8 x 9 cm
Volumenvlies:
2-mal 8 x 9 cm

ZUBEREITUNG

Die Vorlage für das Herz auf die Rückseite eines Stoffzuschnitts übertragen und innerhalb des Herzens einen Einschnitt anbringen. Beide Stoffzuschnitte rechts auf rechts legen und zusammen auf den beiden Vlieslagen platzieren. Entlang der Markierung alle Lagen zusammennähen. Das Vlies bis kurz vor die Naht, den Stoff bis auf 4–5 mm vor die Naht zurückschneiden. Diese Nahtzugabe in der Spitze zurückschneiden, ringsherum mehrfach einschneiden und wenden.
Die Vorlage für das Herz auf Filz übertragen und ringsum 2–3 mm kleiner ausschneiden als die Vorlage. Nach Belieben Perlen, Knöpfe oder Satinröschen auf das Filzherz nähen. Mit Textilkleber auf die Seite des Stoffherzens mit der Wendeöffnung kleben.
Soll der Keks als Kühlschrankmagnet verwendet werden, ein kleines Stück Tüll über einen Magneten legen und so zusammen auf der Rückseite des Kekses festnähen.

MÜRBER TEEKUCHEN

ZUTATEN: 200g Margarine, 1 Pck. Vanillezucker, 200g Zucker, 3 Eier, 175g Mehl, 75g
Speisestärke, 1 gestr. Teel. Backpulver
BELAG: 50g Butter, 100g gehackte Mandeln,
100g Zucker, 1 Teel. Zimt

ZUBEREITUNG: Fett schaumig rühren und
alles andere für den Teig dazugeben. Den Teig
auf ein gefettetes Backblech streichen.
Mandeln, Zucker und Zimt mischen. Teig mit
Butterflocken belegen und mit Mandelge
misch bestreuen.
Bei 200 Grad 20 - 25 min goldgelb backen.

Lollipop-Parade

Ein Lolli ist ein buntes Bonbon mit Stiel, an dem sich Generationen von Kindern erfreut haben. Neben dem traditionellen Lolli, den seine Spirale auszeichnet, gibt es Lutscher in allen erdenklichen Formen, Farben und Geschmacksrichtungen.

LOLLIS

Größe
Ø 6 cm

Vorlage
Nr. 9 auf Seite 59

Schwierigkeitsgrad
★

ZUTATEN

- Bastelfilz in verschiedenen Farben, 4 mm stark
- Bastelfilz in Weiß, 2 mm stark
- Schaschlikspieße
- Klebstoff
- evtl. Zellophanfolie und Geschenkband, 3–5 mm breit

ZUBEREITUNG

Mit Hilfe der Vorlage für den großen Kreis eine Kartonschablone anfertigen und damit den Kreis einmal mit einem Filzstift auf den dicken Filz übertragen und knapp innerhalb der Kontur ausschneiden. Etwas Klebstoff mittig auf die Rückseite geben und auf eine zweite Lage dicken Filz kleben. Nicht die ganze Rückseite mit Klebstoff bestreichen, da sich der Filz sonst später nicht mehr gut nähen lässt. Rings um die Kreisform herum ausschneiden. So werden beide Hälften des Lollis wirklich gleich groß.

An die Spitze eines Schaschlikspießes Klebstoff geben und den Spieß zwischen die beiden Lagen schieben, gut trocknen lassen. Die beiden aufeinanderliegenden Filzschichten entlang der Außenkante mit kleinen Überwendlichstichen zusammennähen.
Die Vorlage für den kleinen Kreis zweimal auf den weißen Filz übertragen und ausschneiden. Daraus frei Hand mit der Schere eine Spirale schneiden (siehe Abbildung).
Mit wenig Klebstoff auf beiden Seiten jeweils eine Spirale aufkleben. Die Spirale von außen nach innen arbeiten und den Klebstoff nach und nach auftragen.
Nach Wunsch den Lolli in Zellophanfolie wickeln und mit einer Schleife schmücken.

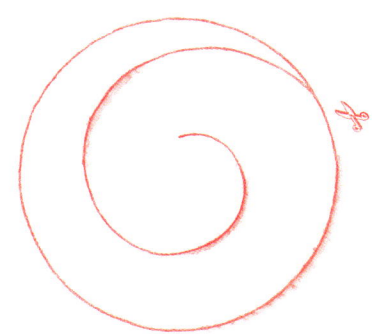

Klein, aber fein

In der französischen Küche gelten diese zierlichen Köstlichkeiten als klassisches Kleingebäck. Die „glasierte" Oberfläche lädt ein, nach Lust und Laune mit Blüten, Perlen und Pailletten zu dekorieren.

PETITS FOURS

Größe
ca. 3,5 x, 3,5 x 3,5 cm

Schwierigkeitsgrad
★★

ZUTATEN (pro Petit Four)

- 20 cm Stoff in Gelb
- kleine Satinröschen, farblich passend
- verschiedene Perlen und Pailletten
- synthetische Füllwatte

ZUBEREITUNG

Für das **Oberteil** nach der Schemazeichnung auf dieser Seite eine Vorlage erstellen und auf die Rückseite des Stoffes übertragen. Ringsherum mit einer Nahtzugabe von 0,75 cm ausschneiden. Den Zuschnitt rechts auf rechts diagonal zur Hälfte legen und an beiden Außenkanten entlang den Seitennähten zusammennähen (siehe Abbildung). Die Stofflagen auseinanderziehen und so zusammenlegen, dass die anderen beiden Seitennähte aufeinanderliegen. Die neuen Außenkanten ebenfalls zusammennähen. Die Nahtzugabe für die untere Kante auf die linke Stoffseite klappen und mit einigen Stichen von Hand heften.
Für den **Boden** als Vorlage nur das Quadrat in der Mitte der Zeichnung mit den Maßen 3,5 x 3,5 cm verwenden. Das Quadrat auf die Rückseite des Stoffes übertragen und großzügig ausschneiden. In die Mitte des Quadrats einen Einschnitt zum Wenden machen. Das Stoffquadrat mit einem weiteren Stück Stoff rechts auf rechts aufeinanderlegen, ringsherum zusammennähen und bis auf eine Nahtzugabe von ca. 5 mm zurückschneiden. In den Ecken die Nahtzugabe abschneiden.

Den Boden wenden und bügeln.
Das Oberteil der Petits Fours locker mit Füllwatte ausstopfen. Das Unterteil so auflegen, dass die Wendeöffnung nach innen zeigt, ringsherum mit Stecknadeln fixieren. Boden und Oberteil mit Matratzenstichen ringsherum aneinandernähen. Nach Bedarf noch etwas Füllwatte nachfüllen.
Nach Belieben mit Perlen, Pailletten und Satinröschen verzieren.

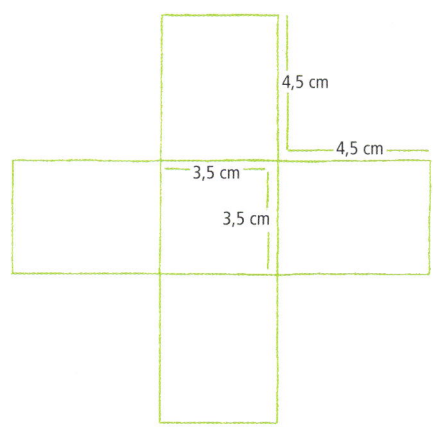

4,5 cm

4,5 cm

3,5 cm

3,5 cm

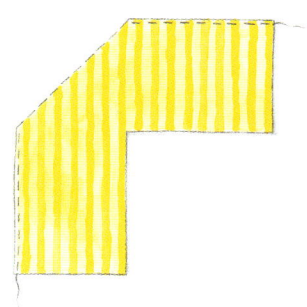

Fruchtig dosiert

Rosa, rund und süß – so präsentieren sich diese köstlichen Törtchen. So verlockend ihr Aussehen, so überraschend ist ihr Inhalt. Unter dem Deckel verbirgt sich keine süße Creme, sondern ein Platz für kleine Geheimnisse.

ERDBEERTÖRTCHEN

Größe
Ø 9 cm

Vorlage
Nr. 10 auf Seite 61

Schwierigkeitsgrad
★★★

ZUTATEN (pro Törtchen)

- 1 runde Spanschachtel, Ø 9 cm
- 15 cm Nickistoff in Rosa
- 15 cm Stoff in Rosa gemustert
- 15 cm Stoff in Rot
- 30 cm Zackenlitze in Weiß
- 30 cm Spitze in Weiß
- starkes Baumwollgarn in Gelb
- Filz in Grün
- Volumenvlies
- synthetische Füllwatte
- Pappe oder Karton, Klebstoff

ZUSCHNEIDEN

1-mal Nickistoff in Rosa: 12 x 27 cm
4-mal Stoff in Rosa: 10 x 10 cm
1-mal Volumenvlies: 10 x 10 cm

ZUBEREITUNG

Für den **Deckel** die Vorlage für den größeren Kreis zweimal auf Karton übertragen, ausschneiden und beide Lagen zusammenkleben. Auf die Mitte einer Kartonseite etwas Füllwatte geben und darauf Volumenvlies kleben, bündig abschneiden. Die Vorlage für den größeren Kreis auf Stoff in Rosa übertragen, entlang der Außenkante heften und zusammenziehen (siehe Seite 24). Den Deckel einlegen, den Faden fest anziehen und vernähen.
Für die Abdeckung des inneren Deckels die Vorlage für den kleineren Kreis auf die Rückseite eines der Stoffquadrate übertragen und innerhalb des Kreises einen Einschnitt machen.

Das Quadrat mit einem weiteren rechts auf rechts und beides zusammen auf das Volumenvlies legen. Alle Lagen entlang der Markierung zusammennähen. Das Vlies bis kurz vor die Naht zurückschneiden. Die Stoffe bis auf eine Nahtzugabe von 4–5 mm zurückschneiden und diese ringsum einschneiden, durch den Einschnitt wenden. Die Abdeckung so unter den Deckel nähen, dass die Wendeöffnung nach innen zeigt.
Für die **Dose** den Nickistreifen zu einem Ring nähen und so über die Schachtel ziehen, dass er an der unteren Kante nur wenig übersteht. Den Stoff entlang der unteren Außenkante festkleben, Überstand abschneiden. Die Innenseite des Dosenrandes mit Klebstoff bestreichen und den überstehenden Stoff in den Innenrand drücken. Die Spitze an der unteren Kante und die Zackenlitze an der oberen ankleben.
Für die Abdeckung des inneren Bodens aus den restlichen beiden Quadraten einen Kreis nähen, wie beim Deckel beschrieben, aber kein Volumenvlies verwenden.
Für die **Erdbeere** die Vorlage auf die Rückseite des roten Stoffes übertragen und ringsherum mit Nahtzugabe ausschneiden. Den Stoff rechts auf rechts zur Hälfte zusammenlegen, entlang der geraden Kante zusammennähen und wenden. Den Stoff entlang der oberen Kante nach innen klappen und heften. Den Heftfaden etwas anziehen und Füllwatte einfüllen. Den Faden ganz zusammenziehen und die obere Öffnung zunähen.
Das Blatt aus grünem Filz schneiden und annähen. Die Punkte aufsticken und die Erdbeere aufnähen.

Französisches Frühstück

Dieses beliebte Frühstücksgebäck in Form eines Halbmondes hat seinen Ursprung in Frankreich. Der Name leitet sich ab vom französischen „lune croissante" und bedeutet „zunehmender Mond".

CROISSANT

Größe
ca. 6 x 12 cm

Vorlage
Nr. 11 auf Seite 60

Schwierigkeitsgrad
★★★

ZUTATEN

- 20 cm Stoff in Hellbraun
- 20 cm Stoff in Rot
- ca. 25 Perlen in Rot, Ø 4 mm
- synthetische Füllwatte

ZUSCHNEIDEN

Stoff in Hellbraun:
2-mal 20 x 20 cm

ZUBEREITUNG

Die halbmondförmige Vorlage auf die Rückseite eines der zugeschnittenen hellbraunen Stoffquadrate übertragen und rechts auf rechts auf das zweite Stoffquadrat legen. Die beiden Stoffquadrate entlang der Markierung zusammennähen, dabei eine Wendeöffnung lassen. Den Stoff ringsum bis auf die Naht-zugabe zurückschneiden und die Nahtzugabe ringsherum mehrfach bis kurz vor die Naht einschneiden. Das Croissant wenden, mit Füllwatte ausstopfen und die Wendeöffnung mit einigen Stichen von Hand schließen.
Die andere Vorlage auf die Rückseite des hellbraunen Stoffes übertragen und mit Naht-zugabe ausschneiden. Auf den roten Stoff legen und diesen entlang der zungenförmigen Außenkanten um 5 mm größer zuschneiden. Die beiden Stoffe mit Stecknadeln kanten-bündig aufeinanderstecken – dadurch erhält der rote Stoff zusätzliche Fülle – und rings-herum zusammennähen. In den roten Stoff einen Einschnitt machen und wenden. Die beiden Lagen so bügeln, dass der rote Stoff an den Längskanten unter dem hellbraunen Stoff hervorschaut.
Die zungenförmige Lasche entlang der Rundung des Croissants annähen, um das Croissant wickeln und die Spitze mit einigen Stichen fixieren. Zum Schluss die Perlen aufnähen.

Zuckerfreie Köstlichkeiten

Das Wort „Bonbon" ist abgeleitet aus dem Französischen, „bon" bedeutet gut. Bonbons gibt es in allen erdenklichen Farben und Geschmacksrichtungen. Mit einer Broschennadel eignen sie sich z. B. als Anstecker für Kids.

BONBONS

Größe
ca. 8 cm lang

Schwierigkeitsgrad
★

ZUTATEN

- verschiedene Stoffe in Rosa oder Rot gemustert
- 40 cm Satinband, farblich passend, 3–4 mm breit (pro Bonbon)
- synthetische Füllwatte
- ggf. Broschennadel

ZUSCHNEIDEN

Für ein Bonbon
2-mal Stoff in verschiedenen Farben:
9 x 11 cm

ZUBEREITUNG

Die beiden Zuschnitte rechts auf rechts aufeinanderlegen. Ringsherum mit einer Nahtzugabe von 5 mm zusammennähen, dabei an einer Längskante ein Stück der Naht zum Wenden geöffnet lassen. Die Nahtzugabe in den Ecken zurückschneiden, wenden und bügeln. Den Stoff so zu einer Rolle legen, dass die Wendeöffnung innen liegt und die mittleren 4 cm von Hand festnähen (siehe Abbildung). Den Stoff etwa 2–2,5 cm vom Rand entfernt zusammenraffen, mit Garn umwickeln und das Garn vernähen. Etwas Füllwatte in das Bonbon stopfen, das andere Ende ebenfalls zusammenraffen und mit Garn umwickeln. Satinbandabschnitte von 20 cm Länge zuschneiden und kleine Schleifen um die Enden des Bonbons binden.

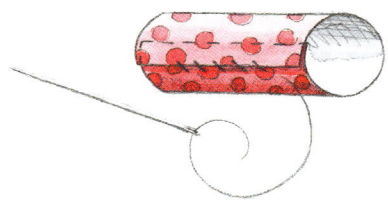

Süße Kringel

Diese zierlichen Mini-Kringel sind eine Variante der großen Donuts. Sie eignen sich als Anhänger für Schlüssel oder Handys. Die Zuckerstreusel sind mit buntem Stickgarn von Hand aufgestickt.

MINI-DONUTS

Größe
Ø ca. 3–4 cm

Vorlage
Nr. 12 auf Seite 61

Schwierigkeitsgrad
★★

ZUTATEN

- leicht elastischer Stoff, z. B. dünner Walkloden oder Polarfleece
- synthetische Füllwatte
- Handstickgarn in Multicolor
- ggf. Schlüsselanhänger oder Handyöse

ZUBEREITUNG

Von der Vorlage eine Schablone aus Karton anfertigen. Mit Hilfe der Schablone die Donutform zweimal auf den Stoff übertragen und entlang dem äußeren Kreis mit 5 mm Nahtzugabe ausschneiden. Weiter verfahren wie beim großen Donut auf Seite 28 beschrieben. Für die Zuckerstreuselverzierung mit dem Handstickgarn Knötchenstiche anbringen oder den Saatstich verwenden.
Soll ein **Anhänger** angebracht werden, einfach 4 cm einer dünnen Kordel durch den Anhänger fädeln und beim Zusammennähen der äußeren Naht mitfassen.

Saatstich

Dieser Stich erhielt seinen Namen von Saatgut, das ausgestreut wird. Bei den Mini-Donuts erinnert er an kleine Streusel, die auf dem Gebäck verteilt werden. Für den Stich einfache Vorstiche wie zufällig verteilt auf dem Stoff anbringen.

Knötchenstich

Für die kleinen Knötchen kann dieser Stich mit einer oder mit zwei Umwicklungen gestickt werden.
An der gewünschten Stelle ausstechen, den Faden von unten nach oben ein- oder zweimal um die Nadelspitze winden und knapp neben der Ausstichstelle wieder einstechen.

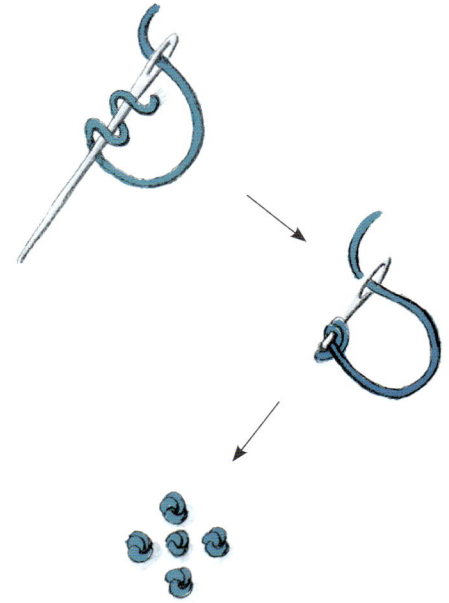

Zum Valentinstag

Das Herz ist das Sinnbild für Verliebte und Liebe schlechthin. Kleine Törtchen oder Torten in dieser Form sind nicht nur zum Valentinstag ein schönes Geschenk für einen ganz besonders lieben Menschen.

HERZTÖRTCHEN

Größe
ca. 5,5 x 12 cm

Vorlage
Nr. 13 auf Seite 61

Schwierigkeitsgrad
★★★

ZUTATEN

- 20 cm Stoff in Rosa
- 3 Satinröschen in Rot
- 24 Perlen in Rot, Ø 4 mm
- synthetische Füllwatte

ZUSCHNEIDEN

Stoff in Rosa:
5,5 x 40 cm (Randstreifen)

ZUBEREITUNG

Für das Oberteil die Vorlage einmal auf die Rückseite des Stoffes übertragen. Die Markierung für die Mitte der Einbuchtung ebenfalls einzeichnen. Ringsherum mit einer Nahtzugabe von 0,75 cm ausschneiden. Am Randstreifen an einer Längskante ebenfalls die Mitte markieren. Die Markierung an Streifen und Herz rechts auf rechts aufeinanderstecken. Von diesem Punkt aus einmal zu der einen Seite und einmal zu der anderen Seite den Streifen annähen; am besten von Hand mit einem Rückstich arbeiten.

Die Streifenenden an der Spitze des Herzens aufeinanderstecken und die Naht schließen. Die Nahtzugabe entlang der Herzform mehrfach bis kurz vor die Naht einschneiden. Die offene Längskante des Randstreifens ca. 0,75 cm auf die linke Seite klappen und heften.
Für den Boden die Herzvorlage auf die Rückseite des Stoffes übertragen und großzügig ausschneiden. In die Mitte des Herzens einen Einschnitt zum Wenden machen. Das Stoffherz mit einem weiteren Stück Stoff rechts auf rechts zusammenlegen und entlang der Markierung zusammennähen. Diese Naht lässt sich gut mit der Nähmaschine ausführen. Die Nahtzugabe bis kurz vor die Naht einschneiden.
Den Boden wenden und bügeln.
Das Oberteil des Törtchens locker mit Füllwatte ausstopfen. Das Unterteil so auflegen, dass die Wendeöffnung nach innen zeigt, ringsum mit Stecknadeln fixieren. Boden und Randstreifen mit Matratzenstichen ringsherum aneinandernähen. Nach Bedarf noch etwas Füllwatte in das Törtchen geben. Entlang der Außenkante mit einem Abstand von jeweils 1,5 cm Perlen annähen. In die Mitte des Törtchens die Satinröschen nähen.

Rezepte

Schokomuffins

Zutaten (für 18 Muffins):

200 g Butter oder Margarine

3 Eier   2 Pck. Vanillezucker

200 g Zucker   200 g Joghurt

270 g Mehl   20 g Kakao

1 Pck. Schoko-Puddingpulver (40 g)

2 gehäufte TL Backpulver

100 g weiße Kuvertüre

100 g Vollmilch-Kuvertüre

außerdem: 18 Papierförmchen (5 cm Durchmesser)

Zubereitung:

Butter oder Margarine mit Zucker, Vanillezucker, Eiern und dem Joghurt gut verrühren.
Mehl, Kakao, Puddingpulver und Backpulver mischen und vorsichtig unterrühren.
Die weiße und die Vollmilch-Kuvertüre grob hacken und vorsichtig unter den Teig heben.
Die Papierförmchen auf ein Backblech stellen und ca. zu 2/3 mit dem Teig füllen.
Bei 175 °C (Umluft) 15 - 20 Minuten backen.
Der Teig sollte nicht zu dunkel und zu fest werden.

Tipp: Stracciatella-Joghurt anstelle von Natur-joghurt verwenden.

Kirschmuffins

Zutaten (für 18 Muffins):

· 3 Eier
· 200 g Butter oder Margarine
· 200 g Zucker
· 200 g Joghurt
· 330 g Mehl
· 2 gehäufte TL Backpulver

· 1 Glas entsteinte Sauer-
 kirschen (720 g)
· 100 g Puderzucker
· Zitronensaft
· außerdem: 18 Papierförmchen
 (5 cm Durchmesser)

Zubereitung:

Butter oder Margarine mit Zucker, Eiern und dem Joghurt gut verrühren. Mehl und Backpulver mischen und vorsichtig unterrühren.
Die Kirschen abtropfen lassen und den Saft dabei auffangen. Die abgetropften Kirschen unter den Teig heben.
Die Papierförmchen auf ein Backblech stellen und zu ca. 2/3 mit dem Teig füllen. Bei 175 °C (Umluft)
15–20 Minuten backen. Der Teig sollte nicht zu dunkel und fest werden.
Den Puderzucker mit etwas Kirsch- und Zitronensaft verrühren und auf den Muffins verteilen.

Erdbeer-Mascarpone-Torte

Zutaten:

- 500 g Erdbeeren
- 100 g Zucker
- 250 g Mascarpone
- 9 Blatt weiße Gelatine
- 400 g Sahne
- 1 heller Wiener Boden (3 Schichten)
- Erdbeermarmelade

Zubereitung:

Die Sahne steif schlagen und kalt stellen. Die Erdbeeren waschen, putzen und mit 50 Gramm Zucker pürieren. Den Mascarpone mit 50 Gramm Zucker verrühren und das Erdbeerpüree unterrühren.

Die Gelatine in kaltem Wasser einweichen und bei niedriger Temperatur auflösen. Die aufgelöste Gelatine unter die Erdbeer-Mascarpone-Mischung rühren. Die Creme in den Kühlschrank stellen. Sobald die Masse beginnt, fest zu werden, die steif geschlagene Sahne unterheben. 2 Lagen des Bodens mit Erdbeermarmelade bestreichen und einen Teil der Creme darauf verteilen. Die Böden zusammensetzen und die restliche Creme auf die oberste Lage geben. Für einige Stunden in den Kühlschrank stellen.

Tipp: Zusammen mit frischen Erdbeeren ergibt die Creme einen köstlichen Nachtisch.

Material und Werkzeug

Stoffe

Für die Modelle kamen unterschiedliche Stoffe zum Einsatz, nicht nur Baumwolle, sondern auch Samt, Pannesamt, feine Wollstoffe und dünner Polarfleece. Besonders Stoffe mit einer interessanten Oberfläche sorgen für eine abwechslungsreiche Optik der Naschereien. Schauen Sie in Ihre Restekiste, dort ist bestimmt viel Interessantes zu finden. Experimentieren Sie mit unterschiedlichen Materialien, besonders bei kleinen Modellen wie den Pralinen ist ein Versuchsobjekt schnell genäht.

Filz

Mittlerweile gibt es Filze in vielen unterschiedlichen Arten. Häufig lässt sich der einfache Bastelfilz verwenden. Für größere Torten ist Textilfilz geeignet, den es in einer Stoffbreite von 180 cm gibt. Für die Lollis wurde 4 mm starker Filz verwendet, der sich mit einer scharfen Schere noch schneiden lässt.

Markierungsstifte

Wasserlösliche Stifte hinterlassen Linien, die mit einem feuchten Schwamm entfernt werden können.
Die Markierungen selbstlöschender Stifte verschwinden mit der Zeit von selbst.
Für feine Linien eignet sich ein gut gespitzter Bleistift und mit einem dünnen Filzstift lassen sich Markierungen auf Filz zeichnen.

Scheren

Für den Zuschnitt von Rundungen sind gute Stoffscheren unerlässlich. Kleine Scheren sind praktisch, um schwierige Ecken zu erreichen. Achten Sie darauf, Ihre gute Schere wirklich nur für Stoff zu verwenden und Papier mit einer anderen Schere zu schneiden.

Rollschneider, Schneidematte, Lineal

Besonders Teile mit geraden Kanten lassen sich gut und schnell mit diesem Werkzeug schneiden. Diese etwas kostspieligere Anschaffung lohnt sich aber nur, wenn Sie häufig nähen.

Nadeln

Zum Aufeinanderfixieren von zwei Stofflagen sind Stecknadeln unverzichtbar. Je nach Anwendung gibt es Nähnadeln in verschiedenen Stärken und mit unterschiedlich großen Nadelöhren. Zum Aufnähen von dünnen Perlen eignen sich nicht nur spezielle Perlennadeln, sondern auch feine Quiltnadeln, die über ein sehr dünnes Nadelöhr verfügen.

Garne

Bei der Garnauswahl stets auf eine gute Qualität achten, um reißende Fäden oder ärgerliche Knoten zu vermeiden. Synthetikgarne, auch als „Allesnäher" bezeichnet, sind unverwüstlich und leisten besonders für den Einstieg gute Dienste.
Extra reißfestes Garn ermöglicht spezielle Näharbeiten, wie z. B. bei der Buchstütze Erdbeere.

Kleber

Zum Fixieren von zwei Lagen Filz oder Stoff lassen sich verschiedene Kleber verwenden. Handelsübliche Alleskleber kleben nicht nur Papier, sondern auch Stoff oder Filz und werden beim Trocknen hart. Spezialkleber bleiben auch nach dem Trocknen flexibel und eignen sich zum dauerhaften Fixieren von verschiedenen Materialien oder auch von Blüten auf Stoff. Sogenannte Sprühzeitkleber fixieren vorübergehend zwei Lagen Stoff miteinander.

Grundmaterial

- Nähmaschine
- passendes Nähgarn
- Nähnadeln, Stecknadeln
- Stoffschere
- Lineal, Maßband

- Rollschneider
- Schneidematte und -lineal
- Papier, Papierschere
- Transparentpapier, Karton
- Markierungsstift, Bleistift

Grundbegriffe des Nähens

Stoffbruch

Wird ein Stoff doppelt zusammengelegt, entsteht eine Faltlinie, der Stoffbruch. Bei einer Vorlage bezeichnet der Stoffbruch die Mitte eines Schnittteils und ist meist als gestrichelte Linie dargestellt. An dieser Linie wird der Stoff gefaltet und die entsprechende Kante des Schnittmusters ohne Nahtzugabe aufgelegt. An dieser Stelle entsteht keine Naht.

Fadenlauf

Jedes Gewebe besteht aus Kettfäden (längs) und Schussfäden (quer). Der Fadenlauf entspricht der Richtung der Kettfäden und verläuft parallel zur Webkante des Stoffes. Üblicherweise verläuft der Zuschnitt im Fadenlauf, damit der Stoff sich nicht verzieht.
Beim Schrägfadenlauf erfolgt der Schnitt ungefähr im 45-Grad-Winkel zum Fadenlauf. Stoff, der im Schrägfadenlauf zugeschnitten wurde, lässt sich deutlich mehr dehnen.

Rechte und linke Stoffseite

Jeder Stoff hat eine rechte und eine linke Seite. Die rechte Seite entspricht der Stoffaußenseite. Wird ein Stoff rechts auf rechts gelegt, befindet sich die Außenseite des Stoffs innen, und die linke Seite des Stoffs liegt außen.

Nahtzugabe

Bei den meisten Modellen in diesem Buch beträgt die Nahtzugabe 0,75 cm. In den Zuschnittmaßen ist diese Nahtzugabe bereits enthalten. Bei kleineren Modellen wurde nur eine Nahtzugabe von 0,5 cm verwendet. In den Anleitungen gibt es einen Hinweis darauf.
Die meisten Nähmaschinen sind mit einem Standard-Nähfuß ausgestattet, bei dem der Abstand zwischen der mittleren Nadelposition und dem äußeren rechten Rand genau 0,75 cm beträgt. Hat Ihre Nähmaschine kein solches Füßchen, lässt sich entweder die Nadelposition verändern oder mit einem Klebestreifen eine Markierung auf der Stichplatte anbringen.

Stecken

Vor dem Nähen werden Stoffteile mit Stecknadeln aufeinander fixiert, um ein Verrutschen zu verhindern. Die Nadeln quer zur Nährichtung in den Stoff stecken und beim Nähen Stück für Stück herausziehen, sonst kann die Nadel der Nähmaschine abbrechen.

Heften

Manchmal kann es nötig sein, besonders bei Rundungen, die Naht vorab zu heften. So wird ein Verrutschen der Naht vermieden, und es entstehen keine störenden Fältchen. Zum Heften einfach von oben nach unten durch die Stofflagen stechen, die Nadel ein Stück weiterführen und von unten nach oben ausstechen.

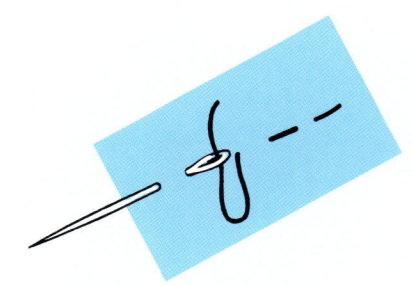

Grundtechniken des Nähens

Nahtzugabe versäubern

Damit die Nähte nicht ausreißen, werden Nahtzugaben versäubert. Da die Modelle aus diesem Buch keiner großen Beanspruchung unterliegen, ist ein Versäubern nur selten notwendig. Zum Versäubern eignet sich ein Zickzackstich oder eine Overlock-Maschine.

Nähte verriegeln

Jede Naht muss am Anfang und Ende vernäht werden, damit sie sich nicht wieder auflöst. Dieses Verriegeln erfolgt durch Vor- und Zurücknähen. Zu Beginn der Naht drei bis vier Stiche nähen, dann die Rückwärtstaste drücken und bis zum Anfang zurücknähen. Die komplette Naht vorwärtsnähen und zum Ende wieder drei bis vier Stiche zurücknähen.

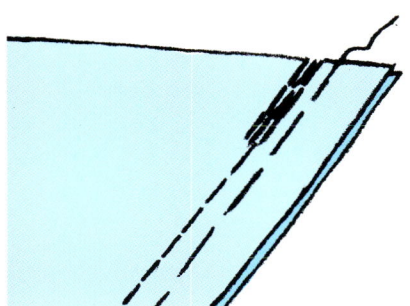

Verstürzte gerade Naht

Beim Verstürzen werden zwei Stoffteile rechts auf rechts aufeinandergelegt und mit einem Geradstich zusammengenäht. Zum Wenden entweder ein Stück der Naht geöffnet lassen oder in eine der beiden Stofflagen einen Einschnitt machen und durch diesen Einschnitt wenden. Nach dem Wenden liegen die rechten Stoffseiten außen und die Nahtzugaben innen. Bei Ecken die Nahtzugaben schräg abschneiden, so legen sie sich besser in Form.

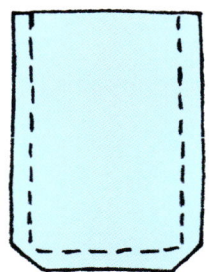

Verstürzte Naht mit Rundungen

Bei Rundungen die Nahtzugabe vor dem Wenden in kleinen Abständen bis ca. 1 mm vor die Naht einschneiden. So liegt die gebogene Kante nach dem Verstürzen schön flach.

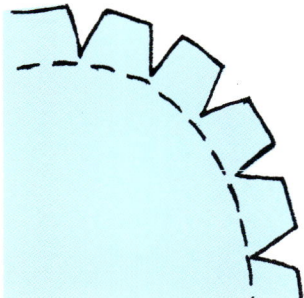

Rückstich

Bei relativ kleinen Modellen ist es manchmal einfacher die Naht von Hand zu nähen.

Dazu das Ende des Fadens mit einem Knoten sichern. Den Faden von unten nach oben durch den Stoff führen. 2–3 mm rechts neben dem Austrittspunkt des Garns wieder nach unten und 2–3 mm nach links neben dem Austrittspunkt wieder nach oben stechen.

Bei jedem weiteren Stich die Nadel wieder nach rechts führen. Auf der Oberfläche entsteht eine fortlaufende Stepplinie.

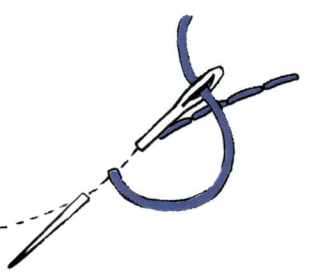

Überwendlichstich

Bei diesem Stich wird das Garn um die Kante herumgeführt und ist von außen sichtbar. Da er dicht an der Kante entlangläuft, ist keine separate Nahtzugabe erforderlich. Bei den Modellen in diesem Buch wurde der Stich benutzt, um zwei Lagen Filz miteinander zu verbinden. Dazu die Nadel ca. 3 mm von der Kante entfernt schräg durch beide Lagen führen. Den Faden außen um die beiden Lagen legen und 4–5 mm weiter erneut schräg durch beide Lagen nähen.

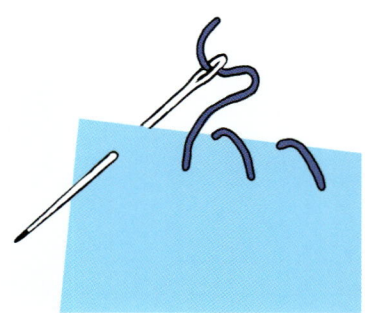

Blindstich

Sollen zwei eingeschlagene Stoffkanten zusammengenäht werden, wie z. B. beim Schließen einer Wendeöffnung oder zum Einsetzen eines Pralinenbodens, einen Blindstich verwenden.

Dazu mit einer Nähnadel zwei bis drei Fäden des einen Einschlags greifen und von dort aus in den gegenüberliegenden Einschlag stechen. Die Nadel 3–4 mm durch den Stoff führen, ausstechen und wieder in den gegenüberliegenden Einschlag stechen.

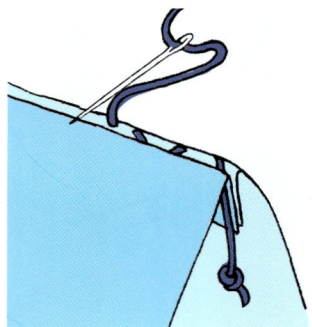

Vorlagen übertragen

Vor dem Nähen werden die einzelnen Schnittmuster auf den Stoff übertragen und mit einer Nahtzugabe ausgeschnitten. Die Vorlagen auf Transparentpapier abpausen oder kopieren. Das Transparentpapier auf dünnen Karton kleben und erst dann mit einer Schere exakt ausschneiden. Die Konturen ringsum auf den Stoff übertragen und anschließend mit Nahtzugabe ausschneiden. In diesem Buch enthalten die Vorlagen keine Nahtzugaben, diese müssen hinzugefügt werden.

Vorlagen

Die Vorlagen enthalten keine Nahtzugaben, diese müssen jeweils beim Ausschneiden hinzugefügt werden.

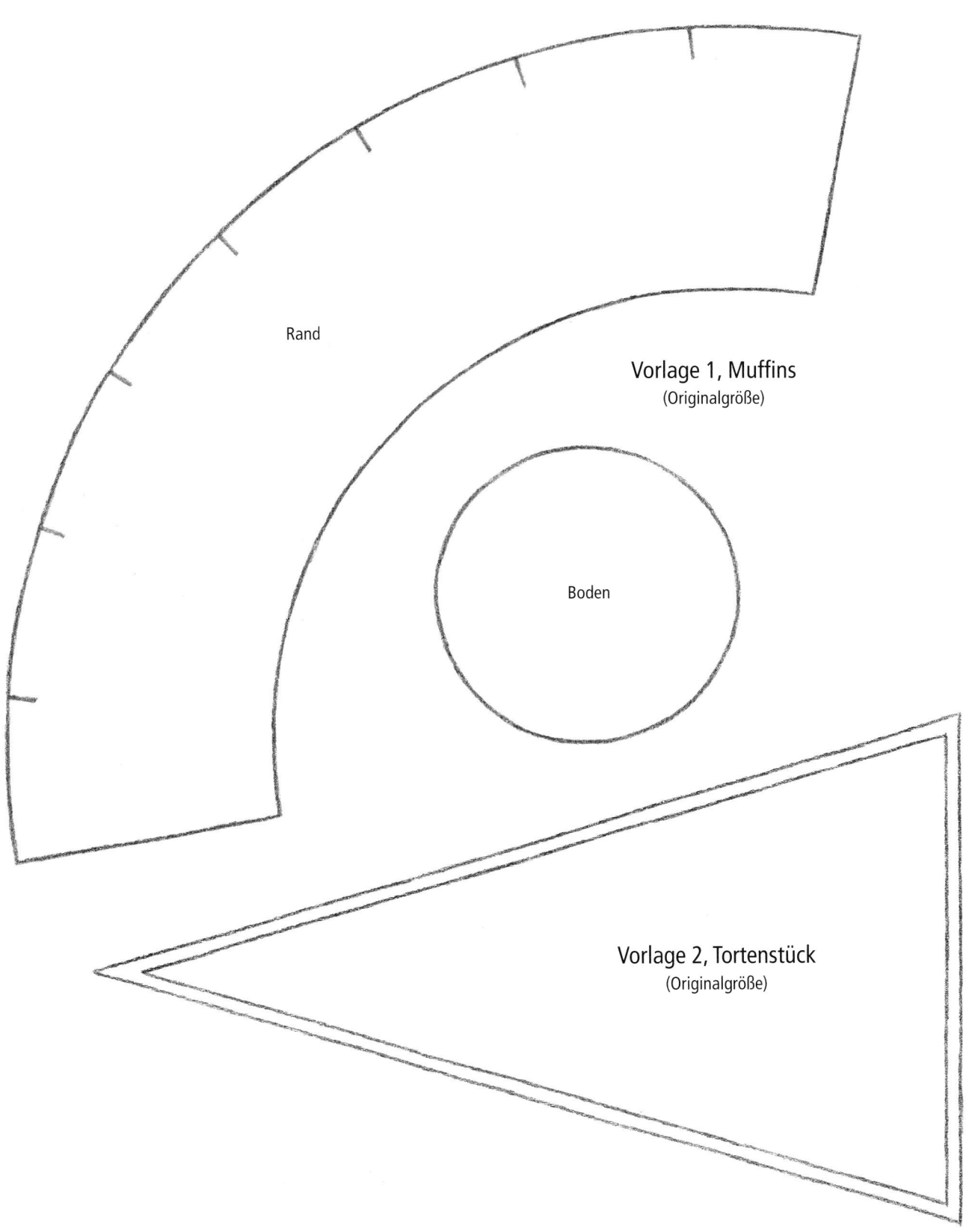

Rand

Vorlage 1, Muffins
(Originalgröße)

Boden

Vorlage 2, Tortenstück
(Originalgröße)

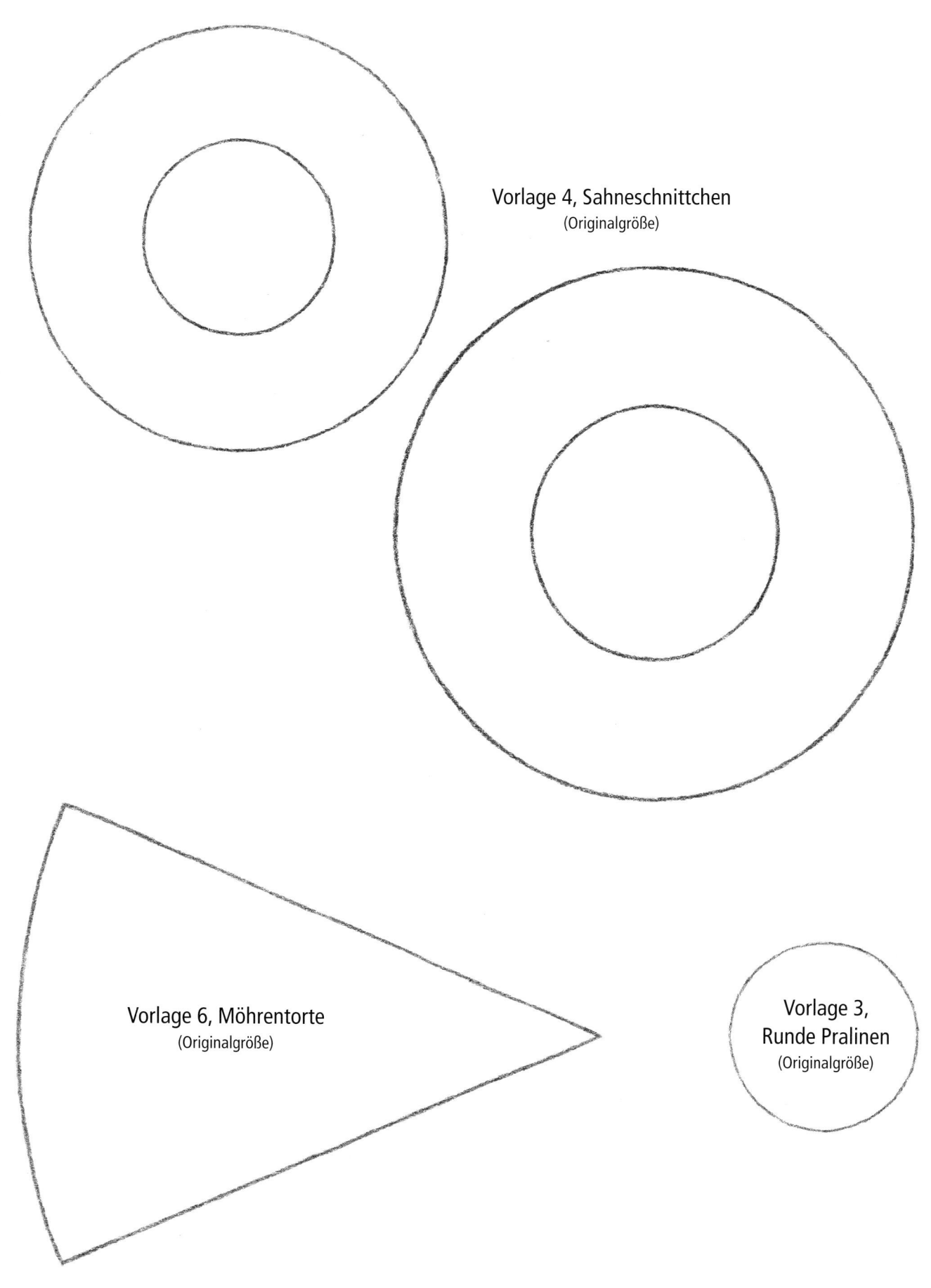

Vorlage 4, Sahneschnittchen
(Originalgröße)

Vorlage 6, Möhrentorte
(Originalgröße)

Vorlage 3,
Runde Pralinen
(Originalgröße)

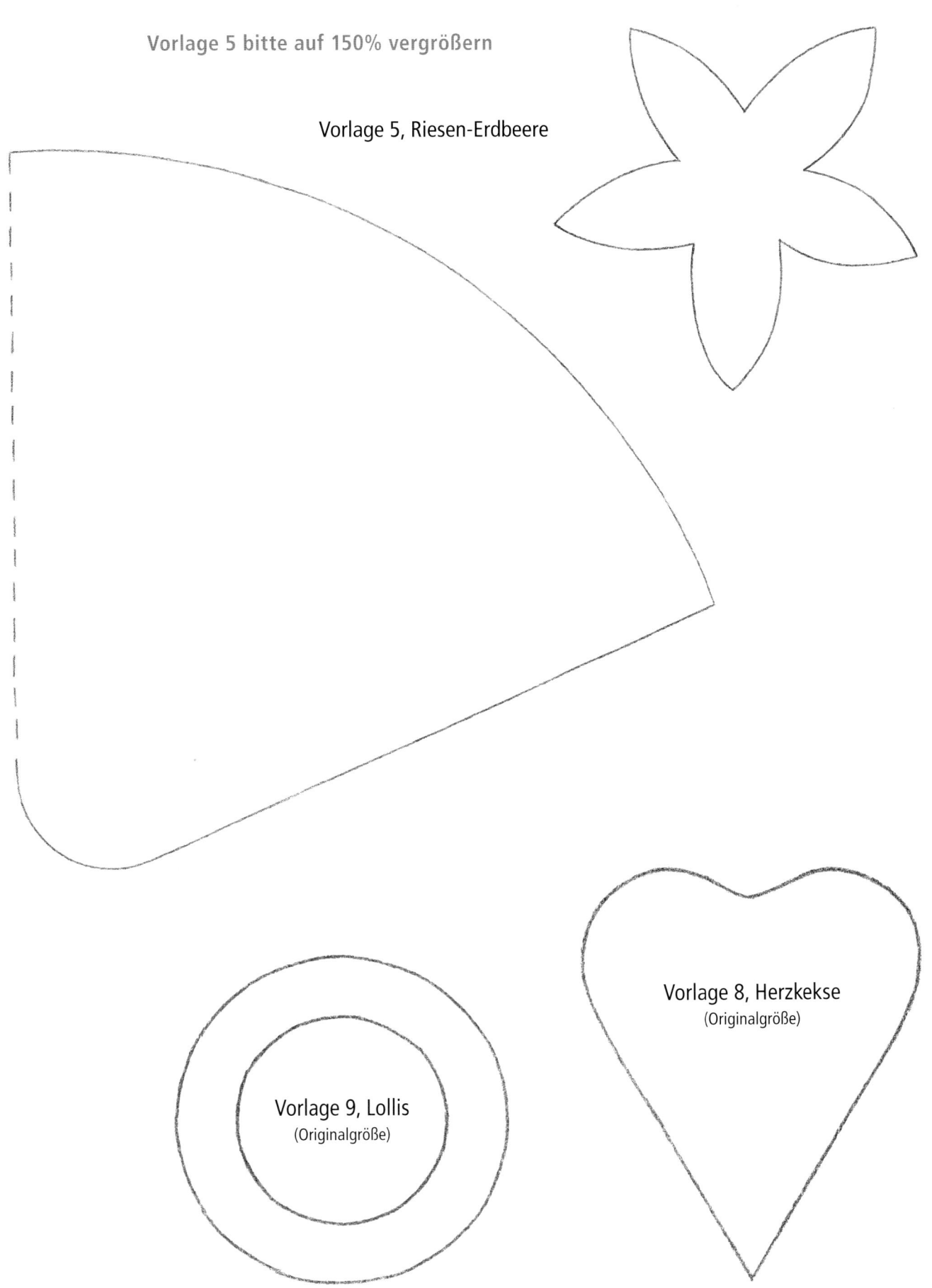

Vorlage 5 bitte auf 150% vergrößern

Vorlage 5, Riesen-Erdbeere

Vorlage 8, Herzkekse
(Originalgröße)

Vorlage 9, Lollis
(Originalgröße)

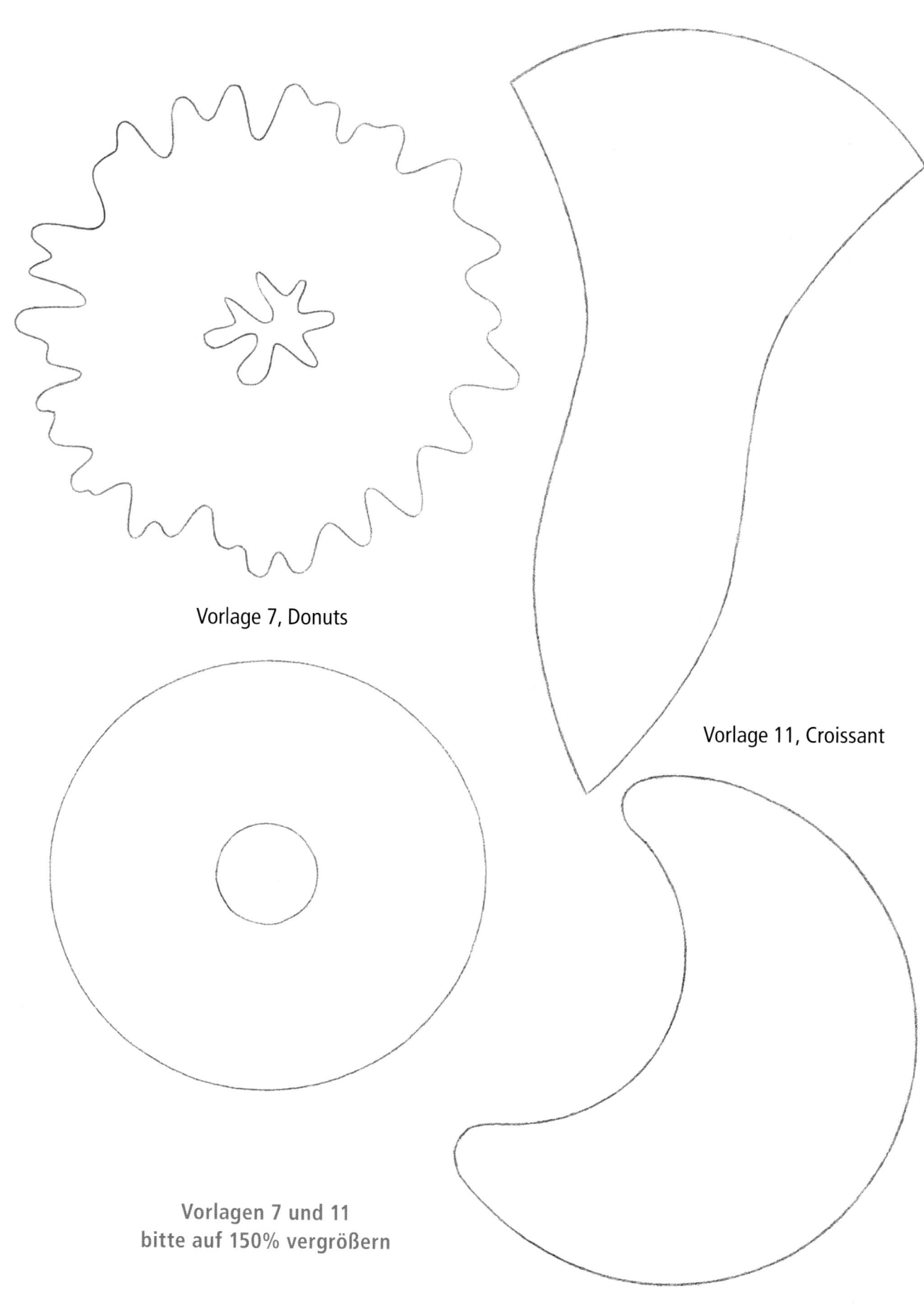

Vorlage 7, Donuts

Vorlage 11, Croissant

Vorlagen 7 und 11
bitte auf 150% vergrößern

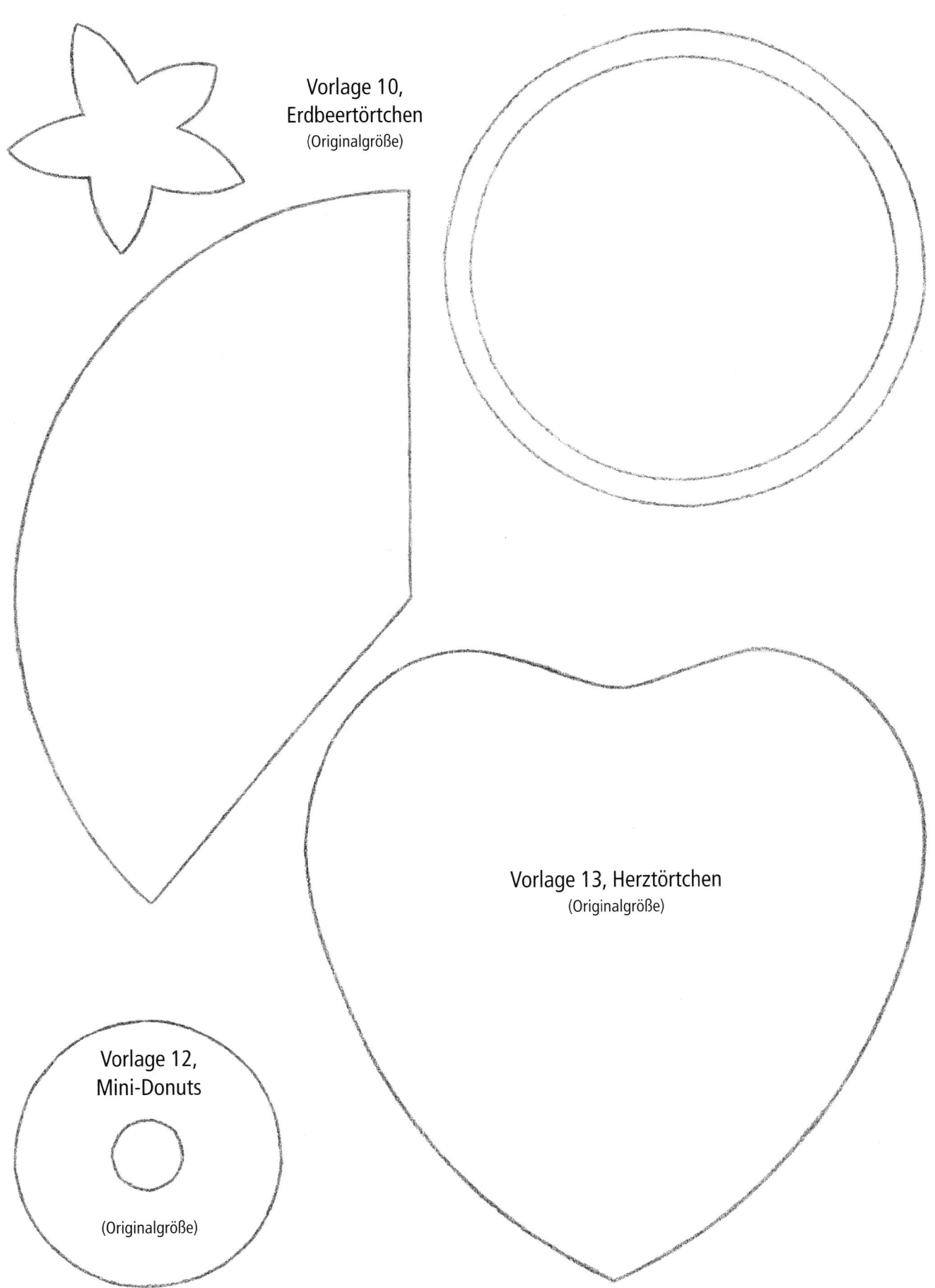

Vorlage 10,
Erdbeertörtchen
(Originalgröße)

Vorlage 13, Herztörtchen
(Originalgröße)

Vorlage 12,
Mini-Donuts

(Originalgröße)

Sie haben Fragen zu Materialien, Anleitungen oder einer Kreativtechnik? Ganz gleich, ob Basteln, Malen oder Handarbeiten: Wir helfen Ihnen weiter!

Schreiben Sie uns,
wir sind für Sie da!

service-hotline@c-verlag.de

Christophorus Verlag GmbH & Co. KG • Leser-Service • Römerstr. 90 • D-79618 Rheinfelden • Fax: 076 23 / 96 46 44 49

IMPRESSUM

Autorin: Christa Rolf
Redaktion: Angelika Klein
Lektorat: Regina Sidabras
Fotos: Uli Glasemann, Volker Kniep (S. 51), Michael Löffler (S. 53)
Styling: Elke Reith
Umschlaggestaltung: Yvonne Rangnitt
Layout: GrafikwerkFreiburg
Technische Zeichnungen: Julia Gandras und Susanne Nöllgen, GrafikBüro Berlin
Reproduktion: Meyle + Müller, Pforzheim
Druck und Verarbeitung: Himmer AG, Augsburg

ISBN: 978-3-8388-3120-6
Art.-Nr.: 3120

HERSTELLER

Stoffe und Vliesstoffe:
Freudenberg KG, Vertrieb Vlieseline, Heidelberg, www.vlieseline.de;
Stof A/S, Herning, Dänemark, www.stof-dk.com;
Westfalenstoffe AG, Münster www.westfalenstoffe.de

Näh- und Bastelzubehör:
Gütermann AG + Gütermann Sulky, Gutach-Bleibach, www.guetermann.com;
Prym Consumer GmbH, Stolberg, www.prym-consumer.de;
Rayher Hobby GmbH, Laupheim, www.rayher-hobby.de

Backzubehör:
Backfun.de, Uhingen, www.backfun.de;
Dr. August Oetker Nahrungsmittel KG, Bielefeld, www.oetker.de

Dank der Autorin:
Mein besonderer Dank gilt meinem Freund Volker Kniep, ohne seine Inspiration wäre dieses Buch nie entstanden.